G. Lacour-Gayet.

Napoléon à Fontainebleau en 1814

(Extrait de la Revue des Études napoléoniennes, juillet-août 1922.)

NAPOLÉON A FONTAINEBLEAU EN 1814

Le mercredi 30 mars 1814, à 11 heures du soir, l'Empereur descendait d'une méchante calèche devant la Cour de France; c'était le nom de la maison de poste de Fromenteau-Juvisy. Trois jours plus tôt, à Saint-Dizier, il avait appris la marche sur Paris des armées de la coalition; il était accouru à toute vitesse pour sauver la capitale. Dans la journée du 30, il avait doublé les étapes. A Villeneuve-l'Archevêque, il était monté, avec le duc de Vicence Caulaincourt, dans un cabriolet d'osier que lui avait fourni un boucher. Le temps de déjeuner à Sens, de monter dans une calèche, de traverser Villeneuve-la-Guyard, Moret, Fontainebleau, Essonnes. Enfin le voici à la Cour de France; il n'est plus qu'à quatre lieues et demie de Paris. En passant à Essonnes, il a appris que la bataille était engagée sous les murs de la capitale; deux heures encore au plus avec des chevaux frais, et il arrivera à temps pour transformer en victoire la résistance de Marmont et de Mortier.

En arrivant au relais, l'Empereur aperçoit des cavaliers qui viennent de la direction de Paris. « Qui est-ce qui est là? — Sire, c'est le général Belliard. (Il commandait la cavalerie des ducs de Raguse et de Trévise.) — Eh bien, Belliard, qu'est-ce que cela? Comment êtes-vous ici avec votre cavalerie? Où est l'ennemi? — Aux portes de Paris, Sire. — Et l'armée? — Elle me suit. — Et qui garde Paris? — Il est évacué; l'ennemi doit y entrer demain matin à 9 heures. La garde nationale fait le service aux portes. — Et ma femme? et mon fils? que sont-ils devenus? Où est Mortier? Où est Marmont? — L'Impératrice, votre fils et toute la cour sont partis avant-hier pour Rambouillet. Je pense qu'elle aura continué sur Orléans. Les maréchaux Mortier et Marmont sont sûrement encore à Paris pour terminer tous les arrangements. »

Napoléon se retourne vers Berthier et vers Caulaincourt, qui le suivaient : « Eh bien, vous entendez ce que dit Belliard. Allons, je veux aller à Paris. Caulaincourt, faites avancer ma voiture. » Belliard intervient : « Mais, Sire, Votre Majesté s'expose à se faire prendre et à faire saccager Paris. » L'Empereur insiste. Il est venu de si loin; il a dévoré le temps et l'espace; il touche au but et le but se dérobe devant lui. « Il faut aller à Paris; quand je ne suis pas là, on ne fait que des sottises. » Il continue à se promener sur la route, il va, il vient, il pose des questions, il se fâche : « Et Montmartre ? Pourquoi n'y avait-on pas mis des canons? Et Joseph? Et Clarke? Tout le monde a donc perdu la tête! Voilà ce que c'est que d'employer des hommes qui n'ont ni sens commun ni énergie. »

La voiture commandée à Caulaincourt n'arrivait pas. L'Empereur avait fini par faire plus d'une demi-lieue à pied dans la direction de Paris. Berthier, Caulaincourt et Belliard ne cessaient de lui faire représentations sur représentations : la capitulation a été signée, les troupes ont évacué Paris ou sont en train de le faire; il est impossible qu'elles y rentrent. Les promeneurs arrivent près d'Athis. Ils rencontrent une colonne d'infanterie; c'étaient les premières troupes de l'armée de Mortier qui évacuaient la capitale. L'Empereur s'entête; il donne l'ordre au général Flahaut de partir à cheval pour voir Marmont, s'il en est temps encore. Flahaut part bride abattue. Pour lui, tristement, il revient à la Cour de France. Il se fait servir à souper. Il se jette sur un fauteuil. Sa figure n'était pas altérée par cette tragédie où se jouaient les destinées de la France et les siennes. Il dicte une dépêche pour donner au duc de Vicence, à titre de ministre des Relations extérieures, « tout pouvoir pour négocier et conclure la paix ». Puis la fatigue finit par avoir raison de lui : il venait de faire trente lieues presque sans arrêt. Il s'endort sur son fauteuil. Au point du jour, le 31 mars, arrive un courrier : la capitulation a été signée dans la nuit à 2 heures. Le général Flahaut est de retour avec la même nouvelle.

C'est donc bien fini. Tout est consommé. Toute son énergie, tout son génie, tout l'héroïsme des grognards et des « Marie-Louise » n'avait servi de rien. Il faut renoncer à aller à Paris. L'Empereur donne l'ordre de rebrousser chemin. A 6 heures du matin, il

arrive au château de Fontainebleau. Il s'établit dans son petit
appartement au premier étage, le long de la galerie de François I⁰ʳ.

Que de souvenirs devaient se presser dans son esprit, à présent
qu'il rentrait dans la demeure des rois vaincu, seul, pouvant redou-
ter les pires catastrophes ! A Fontainebleau, en 1804, il avait reçu
le Saint-Père quelques jours avant la cérémonie inoubliable du
2 décembre; il avait donné à Fontainebleau des fêtes dont la
magnificence avait dépassé les somptuosités de l'ancienne cour ; il
avait fait de ce palais la demeure ou plutôt la prison du Pape.
A son tour, n'y était-il pas un peu comme un prisonnier ? Non, et
bien vite il reprend confiance : son étoile va briller de nouveau.

Voici, en effet, que dans la soirée du 31 mars et dans la matinée
du 1ᵉʳ avril des troupes viennent se grouper autour de Fontainebleau.
Les unes arrivent par la route de Sens; ce sont les premières
colonnes que Napoléon avait devancées quand il était accouru du
fond de la Champagne. Les autres arrivent par la route d'Essonnes;
ce sont les troupes qui ont pris part à la bataille du 30 mars et qui
viennent d'évacuer Paris.

Moncey, qui avait tiré à la barrière de Clichy les dernières car-
touches de la bataille suprême, Lefebvre, Ney, Macdonald, Oudinot,
Berthier, Mortier, Marmont, ces maréchaux qui ont su encore
ajouter de la gloire à leurs noms de duc de Conegliano, duc de
Dantzig, prince de la Moskowa, duc de Tarente, duc de Reggio,
prince de Neuchâtel et de Wagram, duc de Trévise, duc de Raguse,
ils sont tous arrivés avec leurs troupes au quartier impérial; ils
viennent former, comme dans la campagne de Russie, autour de
leur Empereur, le bataillon sacré. Maret, le duc de Bassano, le
confident intime, celui qui fut toujours très fidèle, est toujours là
dans ses fonctions de ministre secrétaire d'État.

Le 31 mars et le 1ᵉʳ avril, l'Empereur envoie coup sur coup trois
longues instructions au prince de Neuchâtel, qui continue à remplir
ses fonctions de major général : le duc de Raguse établira son
quartier général à Essonnes, le duc de Trévise établira le sien à

Mennecy. Les troupes qui viennent de Paris se rallieront sur les bords de l'Essonne; celles qui viennent de la Champagne, autour de Fontainebleau; les bagages et le grand parc de l'artillerie seront dirigés sur Orléans; cette ville sera le point de pivot de l'armée. A mesure que les corps arrivent, ils reçoivent une destination précise. L'Empereur insiste pour que, dès le 2 avril, à 5 heures du matin, les ducs de Raguse et de Trévise aient au moins, à eux deux, soixante pièces de canon ; c'est comme l'écran protecteur qui couvre dans la direction de Paris le quartier impérial de Fontainebleau.

Une dépêche spéciale, du 2 avril, adressée au roi Joseph, lieutenant général de l'Empereur, renferme des instructions pour les divers membres de la famille :

« Je vous ai fait écrire par le grand maréchal sur la nécessité de désencombrer Blois. Que le roi de Westphalie (Jérôme) aille en Bretagne ou du côté de Bourges.

« Je pense que Madame (Mère) ferait bien d'aller visiter sa fille (Pauline) à Nice, et la reine Julie et vos enfants de se rapprocher de Marseille.

« La princesse de Neuchâtel et les femmes des maréchaux doivent aller dans leurs terres.

« Il est naturel que le roi Louis, qui a toujours cherché à habiter les pays chauds, — l'ancien roi de Hollande ! — aille à Montpellier.

« Il est nécessaire d'avoir le moins de monde possible sur la Loire et que chacun se case sans exciter de rumeur...

« Recommandez à tout le monde la plus stricte économie. »

L'Empereur ne se contentait pas de dicter des instructions ; il s'assurait par lui-même qu'elles étaient exécutées. Quelques moments de repos lui avaient rendu ses forces physiques ; il était prêt pour l'action, comme toujours, pour l'action jusqu'au bout.

Le 1ᵉʳ avril, vers 11 heures du matin, il vint reconnaître les positions de Marmont devant Essonnes, et il les jalonna lui-même avec les chasseurs de son escorte. La reconnaissance achevée, il dit au duc de Raguse: « Marmont, à demain, et sur Paris, avec quatre cents canons et cent mille hommes ! »

Rentré à Fontainebleau dans la soirée, il dicte une longue

dépêche pour hâter la concentration de l'armée en groupant les
unités détachées qui arrivent de droite et de gauche. Il prévient
qu'il passera la revue des divisions de la Garde le lendemain matin,
dans la cour du Cheval-Blanc.

En effet, le 2 avril, à l'heure de la garde montante, il descend
dans la grande cour du Château. Les divisions Friant et Henrion,
la Vieille et la Jeune Garde, sont réunies; il en passe la revue. Il
est calme, impassible, tandis que chasseurs et grenadiers le saluent
d'une longue acclamation. « Tel, dit un témoin, nous avions vu
Napoléon aux jours de gloire et de prospérité, aux Tuileries, à
Schœnbrunn, à Potsdam, tel il nous apparut encore à Fontainebleau. »

A la fin de la revue, le duc de Vicence, qui était parti de la Cour
de France aux premières heures du 31 mars, avec pleins pouvoirs
pour traiter, était de retour de Paris; il rejoignit l'Empereur au
pied du grand escalier. La figure décomposée, il lui dit quelques
mots à l'oreille. L'Empereur tressaille; d'un geste brusque, il fend
la foule des officiers qui assistent à la parade. Le duc de Vicence
seul l'accompagne; il s'enferme seul avec lui dans son appartement,
et là il apprend toute la vérité.

* *

Le 31 mars à midi, l'empereur de Russie Alexandre Ier, le roi de
Prusse Frédéric-Guillaume III, le prince de Schwarzenberg qui
représentait l'empereur d'Autriche François Ier, avaient fait, à la
tête des troupes alliées, leur entrée dans Paris. La population avait
gardé une attitude silencieuse et digne ; mais quelques manifestants,
la cocarde blanche au chapeau, un drapeau blanc à la main, avaient
poussé le cri : « Vive Louis XVIII ! » Bientôt des acclamations
avaient retenti : « Vivent nos libérateurs ! Vivent les Bourbons ! »
Alexandre était descendu chez le prince de Bénévent en son hôtel de
la rue Saint-Florentin. Comment Talleyrand se trouvait-il encore
à Paris ? Il avait bien reçu l'ordre, comme tous les grands dignitaires
de l'Empire, de rejoindre l'Impératrice qui était à Blois; mais
il s'était arrangé pour se mettre dans l'impossibilité de l'exécuter ;

il s'était fait arrêter à la barrière par des gardiens de complaisance, et il était revenu chez lui, où il allait faire les honneurs de la capitale aux Alliés. Ce fut là, dans son hôtel, que « des tripotiers », pour parler comme Chateaubriand, « manièrent, dans leurs sales et petites mains, le sort d'un des plus grands hommes de l'histoire et la destinée du monde ».

Alors les événements se précipitent. Le Sénat conservateur, inspiré par Talleyrand, nomme un gouvernement provisoire. Talleyrand le compose à sa guise et il en prend la présidence. Sur l'heure, le 31 mars, le Sénat rend ce décret : Napoléon est déchu du trône, le droit d'hérédité est aboli dans sa famille, le peuple français et l'armée sont déliés envers lui du serment de fidélité.

Soit. Des hommes qui devaient tout à l'Empereur, leur situation, leurs titres, leur fortune, avaient signé cette lâcheté suprême. « Si j'avais méprisé les hommes, dit-il, comme on me l'a reproché, alors le monde reconnaîtrait aujourd'hui que j'ai eu des raisons qui motivaient mon mépris. » Talleyrand et les sénateurs étaient des traîtres. Mais l'armée était fidèle. Comment aurait-il pu douter de la fidélité des derniers régiments de la Grande Armée qui étaient groupés autour du Château?

Le dimanche 3 avril, à la première heure, l'Empereur se rend à Essonnes pour visiter les avant-postes ; il passe en revue la division Souham et le premier bataillon de la garde nationale de l'Aisne. Il retourne au Château. Dans la cour du Cheval-Blanc ont été réunies la division de la Vieille Garde de Friant, à droite du perron, et la division de la Jeune Garde de Henrion, en face ; le général Pelet commande une brigade de chasseurs ; le général Cambronne, une brigade de grenadiers. A midi, la porte du perron s'ouvre : l'Empereur apparaît. Il a avec lui le prince de Neuchâtel, major général, le général Drouot, aide-major général, le prince de la Moskowa, le duc de Conegliano, les généraux Flahaut, Petit, Kellermann, Belliard, toute une escorte d'aides de camp et d'officiers d'ordonnance. Les troupes présentent les armes, les tambours battent aux champs. L'Empereur descend les marches. Arrivé dans la cour, il ne garde avec lui que Berthier et Drouot ; les maréchaux et l'état-major attendent au bas du perron. Il fait une inspection minutieuse des troupes ; il interroge les hommes un à un ; séance tenante, il accorde des croix de la Légion d'honneur. Puis il se place au milieu de la cour ; il fait former le cercle par les officiers et les sous-officiers, et, d'une voix qui martèle les syllabes, il leur dit :

« Officiers, sous-officiers et soldats de la Vieille Garde ! L'ennemi nous a dérobé trois marches. Il est entré dans Paris. J'ai fait offrir à l'empereur Alexandre une paix achetée par de grands sacrifices : la France avec ses anciennes limites, en renonçant à nos conquêtes, en perdant tout ce que nous avons gagné depuis la Révolution. Non seulement il a refusé ; il a fait plus encore : par les suggestions perfides de ces émigrés auxquels j'ai accordé la vie et que j'ai comblés de bienfaits, il les autorise à porter la cocarde blanche, et bientôt il voudra la substituer à notre cocarde nationale. Dans peu de jours, j'irai l'attaquer à Paris. Je compte sur vous... »

Pas un cri, pas un geste. L'Empereur rompt ce silence impressionnant : « Ai-je raison ? » Alors, c'est un tonnerre de cris : « Vive l'Empereur ! Vive l'Empereur ! A Paris ! A Paris ! » « On s'était tu, rapporte le général Pelet, — et ce mot est sublime, — on s'était tu, parce que l'on croyait inutile de répondre. » Le tumulte apaisé, l'Empereur reprend :

« Nous irons leur prouver que la nation française sait être maîtresse chez elle ; que, si nous l'avons été longtemps chez les autres, nous le serons toujours chez nous, et qu'enfin nous sommes capables de défendre notre cocarde, notre indépendance et l'intégrité de notre territoire. Communiquez ces sentiments à vos soldats. »

De nouvelles acclamations retentissent. Officiers et sous-officiers vont répéter la harangue dans chaque compagnie. Des clameurs formidables s'élèvent des quatre coins de la cour : « Vive l'Empereur ! A Paris, à Paris ! » La musique des grenadiers joue *la Marseillaise* et le *Chant du Départ*. Les soldats sont ivres d'enthousiasme.

Mais les grands chefs ? Les maréchaux avaient perdu la foi. Le soir même de cette manifestation militaire, l'Empereur recevait les maréchaux. Pour la première fois, on parle d'une abdication de l'Empereur, comme de la meilleure solution. Le retour des Bourbons, pour la plupart de ces généraux, c'est la mise en disponibilité, l'exil peut-être. Si le changement de dynastie ne peut avoir que des inconvénients pour eux et peut-être aussi pour la France, le changement de règne et l'avènement de Napoléon II sauveront les intérêts personnels et garantiront les conquêtes de la Révolution.

Le lendemain, 4 avril, après la parade, Napoléon était rentré dans son cabinet avec Berthier, Bassano, Caulaincourt, Bertrand. Les maréchaux font comme irruption chez lui : Ney, Lefebvre, Moncey, Oudinot. Le prince de la Moskowa prend la parole avec une sorte d'âpreté ; il s'est promis d'enlever l'abdication « comme on enlève une redoute ». L'Empereur résiste ; il expose la situation militaire, elle est loin d'être aussi mauvaise qu'on pourrait le croire. Au cours de la discussion, Macdonald est introduit. « Je vous déclare, dit-il à l'Empereur, que nous ne voulons pas exposer Paris au sort de Moscou. Au reste, notre parti est pris ; nous sommes résolus à en finir. Pas de guerre civile ! Je vous déclare que jamais mon épée ne sera teinte de sang français. » A ce renfort inattendu, Ney reprend toute son assurance : « L'armée ne marchera pas sur Paris. — L'armée m'obéira, dit Napoléon. — Sire, répond Ney sur un ton de colère, l'armée obéit à ses généraux. »

L'Empereur congédie sèchement les maréchaux ; il reste seul avec Caulaincourt, qui avait eu lui-même le premier l'idée de l'avènement du roi de Rome. Il a pris le parti d'abdiquer. Séance tenante, il rédige et il signe cette pièce :

« Les puissances alliées, ayant proclamé que l'Empereur Napoléon était le seul obstacle au rétablissement de la paix en Europe, l'Empereur Napoléon, fidèle à son serment, déclare qu'il est prêt à descendre du trône, à quitter la France et même la vie, pour le bien de la patrie, inséparable des droits de son fils, de ceux de la régence de l'Impératrice et du maintien des lois de l'Empire. »

Cet acte réservait d'une manière formelle les droits héréditaires du roi de Rome. Macdonald, Ney et Caulaincourt reçoivent la mission de le porter à Paris pour le faire agréer des Alliés. Le 5 avril, ils étaient à Paris, à l'hôtel de la rue Saint-Florentin, auprès d'Alexandre. Ils plaidaient avec chaleur la cause du roi de Rome. « Il est trop tard, dit le tsar de Russie ; l'opinion a fait des pro-

grès rapides et n'est plus pour l'Empire. » Cela n'était point exact ;
s'il était trop tard, c'est parce que Marmont avait trahi.

Par quelle aberration le duc de Raguse, qui occupait Essonnes
avec le VI⁰ corps, en vint-il à écouter et à accepter les offres de
Schwarzenberg, qui le convainquit de se rendre en Normandie et
de se mettre à la disposition du Gouvernement provisoire ? Le
5 avril, quand les maréchaux, venus de la part de Napoléon, discu-
taient avec Alexandre dans l'hôtel de Talleyrand, le duc de Raguse
arriva, pâle, égaré : « Tout mon corps a passé cette nuit à l'ennemi ! » L'un de ses généraux, Souham, — Souham qui, la veille,
s'était fait donner six mille francs par l'Empereur, — avait conduit
le VI⁰ corps à Versailles pendant cette nuit « inexpiable » du 4 avril,
et Marmont, le malheureux, n'avait rien fait pour s'y opposer.
Cette infamie perdait complètement Napoléon ; car plus rien
ne le protégeait désormais dans la direction de Paris. « Qui aurait
pu croire cela de Marmont, dit Napoléon, un homme avec lequel
j'ai partagé mon pain, que j'ai tiré de la misère, dont j'ai fait la
fortune et la réputation. L'ingrat ! il sera plus malheureux que
moi ! »

Le *Journal des Débats*, qui était devenu brusquement depuis le
31 mars le journal des partis de réaction, annonçait ainsi la défec-
tion de Marmont :

« M. le maréchal Marmont, duc de Raguse, a abandonné les dra-
peaux de Bonaparte pour embrasser la cause de la France et de
l'humanité. »

L'histoire n'a pas ratifié ce jugement ; mais elle n'a pas oublié le
mot des enfants de Venise qui, apercevant le vieux maréchal sur la
riva degli Schiavoni, quand la révolution de 1830 l'avait chassé de
France, le montraient du doigt en disant : *Ecco colui che ha
tradito Napoleon !* « Voilà celui qui a trahi Napoléon ! »

Les troupes restées à Fontainebleau apprennent l'infamie du duc
de Raguse. C'est une explosion d'indignation. Nulle part elle ne fut
plus violente que chez les chevau-légers polonais, qui étaient cam-
pés à Chevannes. Le général Krasinski les conduit à Fontainebleau.
L'Empereur les passe en revue ; les Polonais l'acclament : « *Vivat
Césarz !* » Ils demandent à combattre.

— 49 —

..

Que pouvait à cette heure le dévouement de quelques milliers de
soldats demeurés fidèles à l'honneur et à leurs serments ? L'Empereur était isolé ; il était presque à la merci d'un coup de main. Il
n'avait plus qu'à se résigner à l'irréparable. Le 6 avril, il signa
son abdication plénière ; on montre, dans le cabinet de l'Abdication, le petit guéridon en acajou sur lequel Napoléon rédigea cet
acte :

« Les puissances alliées, ayant proclamé que l'Empereur Napoléon était le seul obstacle au rétablissement de la paix en Europe,
l'Empereur, fidèle à son serment, déclare qu'il renonce pour lui et
ses héritiers aux trônes de France et d'Italie, et qu'il n'est aucun
sacrifice personnel, même celui de la vie, qu'il ne soit prêt à faire
aux intérêts de la France. »

L'Empereur paraissait résigné à son sort. « Maintenant que tout
est terminé, dit-il, et dès que je ne puis pas rester, ce qui nous
convient le mieux, c'est la famille des Bourbons. Elle doit rallier
tous les partis. Le roi prendra la France telle qu'on voudra la lui
donner ; moi, je ne pouvais la garder autre que ce qu'elle était
quand je l'ai prise. Le roi a de l'esprit, des connaissances et des
moyens. Il est âgé et souffrant ; il ne voudra pas, je pense, attacher
son nom à un mauvais règne. S'il fait bien, il doit se mettre dans
mon lit et en changer seulement les draps ; il est bon et il s'y trou-
vera bien. »

A ceux qui l'approchaient, Napoléon recommandait de s'attacher
franchement au gouvernement nouveau et de le servir aussi bien
qu'ils l'avaient servi lui-même. Il adressait cette lettre au baron de
Caraman, l'un de ses officiers d'ordonnance :

« Les derniers événements me font vous engager à vous rendre
à Paris pour y recevoir les ordres du Gouvernement. J'ai été con-
tent de votre conduite et de vos services. Vous soutiendrez la bonne
opinion que j'ai conçue de vous en servant le nouveau souverain de
la France avec la même fidélité et le même dévouement que vous

FAC-SIMILÉ DE L'AUTOGRAPHE DE L'ABDICATION DE NAPOLÉON

Nous ne garantissons pas la « traduction » ci-contre (p. 50) dans tous ses détails ; elle est à peu près conforme à celle du *Bulletin des Lois*, qui termine pourtant ainsi : *à l'intérêt de la France*, et non *aux intérêts* : cf. *Corr. de Napoléon*, XXVII, 361 ; — Thiers. *Histoire du Consulat et de l'Empire*, XVII. 757 ; — H. Houssaye, *1814*, p. 635 n. — Nous y appelons la sagacité de nos lecteurs, notamment en ce qui concerne l'interligne en surcharge entre la 2e et la 3e ligne. — E. D.

m'avez montrés. Cette lettre n'étant à d'autres fins, je prie Dieu qu'il vous ait en sa sainte garde [1]. »

Tandis que Napoléon était peu à peu abandonné de tous et qu'il traversait, dans la demeure déserte des rois, cette longue crise d'agonie morale, on lisait ceci dans les meilleurs journaux de Paris :

« Il est bon de faire connaître au public que Buonaparte ne s'appelle point Napoléon, mais Nicolas. Cet homme voulait paraître extraordinaire en tout, et jusque dans son nom de baptême. — On n'a trouvé le nom de Napoléon que dans les Bollandistes. Mais ce Napoléon n'était rien moins qu'un saint. C'était, au contraire, un fort méchant démon, qui prit plaisir à tourmenter cruellement le corps d'une pauvre femme cinq ans de suite et dont elle ne fut délivrée que par l'intercession d'une sainte. »

Le rapprochement était vraiment plaisant; plus d'un lecteur en fit une gorge chaude.

Le 8 avril, à 6 heures du soir, la statue de Napoléon était descendue du faîte de la colonne de la place Vendôme, aux acclamations des spectateurs. Le drapeau blanc flottait à sa place ; il était décoré de trois fleurs de lis d'or et surmonté de la couronne royale. On disait qu'il allait être remplacé par une statue de la Paix, sous l'effigie de l'empereur Alexandre.

Dès le 6 avril, au moment de l'abdication pure et simple, il avait été question d'une retraite de Napoléon à l'île d'Elbe, d'une retraite pour le Grand Homme, quand il n'avait pas encore 45 ans! L'Empereur chargea Caulaincourt, Ney et Macdonald de négocier un traité sur cette base ; ce fut le traité, dit de Fontainebleau, conclu à Paris le 11 avril; en face des signatures des trois commissaires de l'Empereur, il porte les signatures de Metternich, de Hardenberg, de Nesselrode.

1. « Fontainebleau, ce 14 avril 1814. » Lettre inédite, communiquée par M. le comte de Lavaurs.

L'Empereur Napoléon renonce pour lui et ses descendants à tout droit de souveraineté et de domination sur l'Empire français, le Royaume d'Italie et sur tout autre pays. — Il conserve, ainsi que l'Impératrice Marie-Louise, le titre impérial. — « L'île d'Elbe, adoptée par S. M. l'Empereur Napoléon pour le lieu de son séjour, formera, sa vie durant, une principauté séparée qui sera possédée par lui en toute souveraineté et propriété. Il sera donné, en outre, en toute propriété, à l'Empereur Napoléon un revenu annuel de deux millions de francs en rentes sur le Grand-Livre de France, dont un million réversible à l'Impératrice. » — L'Impératrice Marie-Louise recevra en toute propriété les duchés de Parme, Plaisance et Guastalla. Son fils (on ne désigne pas autrement le roi de Rome), prendra désormais le titre de prince de Parme, Plaisance et Guastalla.

L'article 9 de ce traité mettait à la disposition de l'Empereur un capital de deux millions pour être employé en gratifications. Le 13 avril, Napoléon dressait à Fontainebleau l'état de ces gratifications. Treize généraux de la Garde (Friant, Cambronne, Petit, Ornano...), huit aides de camp (Drouot, Corbineau, Gourgaud...), Fain, Méneval, Corvisart, recevaient chacun 50000 francs. Les trente-cinq officiers qui devaient l'accompagner à l'île d'Elbe et des personnes de divers services figurent aussi sur cet état, dont le total représente deux millions de francs. Il est curieux d'ajouter que beaucoup de ces gratifications de 1814 ne devaient être réglées que par une décision de Napoléon III, en date du 25 mai 1862.

Dans la nuit qui avait précédé l'établissement de ces gratifications, nuit du 12 au 13 avril, Napoléon avait eu un profond accès de désespoir. « Mourir sur le champ de bataille, s'écrie-t-il, cela n'est rien ; mais au milieu de la boue et dans de pareils moments, jamais, jamais ! » Il fait venir le baron Yvan, son chirurgien ordinaire, qui était attaché à sa personne depuis la campagne d'Italie ; il le force à dire, par ses menaces, quelle est la dose d'opium qui doit donner la mort ; depuis la campagne de Russie, il avait toujours dans un petit nécessaire une provision de la drogue fatale. Quand tout le monde est retiré, il verse dans une tasse de thé la dose indiquée par Yvan, il en avale une partie. Bientôt le remords

le prend, il sonne son valet de chambre, il avale de l'eau chaude
pour provoquer les vomissements, ses douleurs sont atroces, mais
la mort ne veut pas de lui. Dans la matinée, il était tout pâle et
défiguré ; mais il s'était ressaisi : il vivra. Quand il fut hors de
danger, Yvan, qui avait été affolé pendant ces heures tragiques,
prit un cheval dans les écuries et partit de Fontainebleau pour ne
plus revenir.

Quelques heures après ce drame intime, une femme arrivait au
Château. C'était Mme Walewska, la très aimante, la très désinté-
ressée, la très fidèle, qu'il avait connue dans la campagne de
Pologne et qui lui avait donné un fils en 1810. La La Vallière de
l'Empereur, la seule femme qui lui inspira une passion durable,
était accourue auprès de lui, quand il était abandonné de tous,
quand ses plus proches parents, sa mère, ses sœurs, ses frères, sa
femme, son fils, n'étaient pas avec lui. Avec la foi et la générosité de
son cœur de vingt-sept ans, elle était accourue pour consoler Napoléon. Il vient de voir tout s'écrouler autour de lui ; il vient de connaître les abandons les plus cruels, la trahison même ; il n'est plus que
pour quelques heures encore dans ce palais dont il avait fait à un
moment comme le théâtre de sa toute-puissance et la capitale de
l'Europe. Elle est venue, elle est dans une chambre voisine de la
sienne, elle attend pendant toute une nuit qu'il la fasse appeler.
A-t-il été prévenu trop tard ? Est-il encore sous le coup de la crise
physique qui a failli l'emporter? A-t-il besoin de repos pour mettre
un peu d'ordre dans ses pensées? Quand il dit d'introduire Marie,
il y avait une heure qu'elle était repartie ; de la femme qu'il
aimait, il avait simplement quelques lignes de son écriture. Aussi-
tôt, le 16 avril, il lui répondit :

« Marie, j'ai reçu votre lettre du 15. Les sentiments qui vous
animent me touchent vivement. Ils sont dignes de votre belle âme
et de la bonté de votre cœur. Lorsque vous aurez arrangé vos
affaires, si vous allez aux eaux de Lucques ou de Pise, je vous verrai avec un grand et vif intérêt, ainsi que votre fils, pour qui mes

sentiments seront toujours invariables. Portez-vous bien, n'ayez point de chagrin, pensez à moi avec plaisir et ne doutez jamais de moi. »

Cependant un communiqué du *Journal des Débats* faisait savoir que S. A. I. l'archiduchesse Marie-Louise avait eu, le 16 avril, au Petit-Trianon, une entrevue avec son père qui était arrivé la veille à Paris et qui avait été accueilli par des acclamations : « Vive l'empereur d'Allemagne ! Vive le père et le sauveur des peuples! » La presse officieuse ajoute : « Cette princesse, illustre par ses vertus et son héroïque dévouement, ne cessera jamais d'être chère aux Français. » Elle allait être chère surtout, d'ici à quelques semaines, au comte de Neipperg.

.*.

Quatre commissaires étrangers avaient été désignés pour accompagner Napoléon à son départ de Fontainebleau : un Russe, le général Schouwaloff, un Prussien, le comte de Waldbourg-Truchsess, un Autrichien, le général Koller, un Anglais, le major-général Neil-Campbell. Le 17 avril, ils se trouvaient tous réunis au Château ; ils déjeunaient avec plusieurs généraux de l'intimité de l'Empereur, comme le grand-maréchal Bertrand, Drouot, Lefèvre-Desnouettes, Flahaut. Celui-ci leur fit savoir que Sa Majesté assistait à la messe dans la chapelle ; la messe dite, ils seraient reçus individuellement. Ils le furent, en effet, dans cet ordre : le commissaire russe, qui resta cinq minutes, le commissaire autrichien, qui resta le même temps, le commissaire anglais, que l'Empereur garda un quart d'heure, le commissaire prussien, qu'il garda à peine une minute. Napoléon portait sa tenue ordinaire : habit vert avec les épaulettes dorées, pantalons bleus, bottes à revers ; sa toilette était négligée, il n'était pas rasé ; sur sa lèvre supérieure et sur sa poitrine, on apercevait de la poudre de tabac à priser.

A l'entrée du commissaire anglais, il s'arrêta de tourner de long en large dans la pièce, comme une bête en cage ; il le salua d'un sourire de politesse, en s'efforçant de cacher sous des apparences tranquilles le trouble de ses sentiments. Campbell portait le bras en écharpe. L'Empereur lui demanda comment il avait été blessé, pourquoi il portait des décorations russes. « De quelle partie de la Grande-Bretagne êtes-vous? — De l'Écosse. — Ah ! Êtes-vous, comme moi, un admirateur des poèmes d'Ossian? Je les aime beaucoup; il y a quelque chose de très guerrier dans cette poésie. — Oui, Sire ; on sait en Angleterre que Votre Majesté les aime beaucoup. »

La conversation passa à la guerre d'Espagne, à la différence de tempérament entre les Espagnois et les Portugais. Il loua les Espagnols : « C'est un peuple de beaucoup de caractère. Vous avez bien joué votre rôle avec eux. » Il parla de l'Égypte, du général Hutchinson qui avait remplacé en 1801 le général Abercromby, de l'attaque de Berg-op-Zoom, qui faisait grand honneur au général Graham. Est-ce que la grande route de Bordeaux à Bayonne, qu'il avait fait commencer, était terminée ? Que s'était-il passé exactement il y avait sept jours, à Toulouse, dans la bataille entre lord Wellington et le maréchal Soult ? Il fit un grand éloge de Wellington. « C'est un homme d'une grande énergie à la guerre. Pour gagner des batailles, c'est la qualité maîtresse. » Il posa plusieurs questions sur l'armée anglaise ; il exprima de vifs compliments sur les Anglais pour leur union et leur patriotisme ; à cet égard, ils l'emportaient sur les Français. « Votre nation est la plus grande de toutes. Je l'estime plus qu'aucune autre. J'ai été votre plus grand ennemi, je l'avoue ; mais je ne le suis plus. J'ai souhaité de faire monter la France aussi haut, mais mes plans n'ont pas réussi. C'est le destin. » Il s'arrêta brusquement, son émotion était profonde, ses yeux se mouillèrent de larmes.

Est-ce que lord Castlereagh devait rester longtemps encore à Paris ? Il fut heureux d'apprendre que Campbell l'accompagnerait jusque dans l'île d'Elbe et qu'il y resterait aussi longtemps que ses services pourraient lui être agréables. « Ne pouvez-vous pas me faire fournir un vaisseau de guerre anglais, pour accompagner la corvette que me destine le gouvernement français et protéger la traversée contre les pirates barbaresques ? Je crois qu'il vaudrait peut-être mieux que j'embarque sur un bâtiment anglais... Allons, c'est bien. Je suis à votre disposition. Je suis votre sujet. Je dépends entièrement de vous. » Il congédia Campbell, en le saluant d'un geste de courtoisie.

* *

On avait d'abord parlé du jour même, 17 avril, pour le départ de Fontainebleau ; mais l'Empereur souleva diverses difficultés pour le choix de l'itinéraire et les conditions de son arrivée à l'île d'Elbe. Ces difficultés furent levées. Enfin le départ fut fixé au mercredi 20 avril.

Ce jour-là, à 10 heures du matin, toutes les voitures étaient prêtes dans la cour du Château ; un grand nombre de voitures de bagages étaient déjà parties dans la nuit. L'Empereur fit venir le général autrichien :

« J'ai réfléchi, lui dit-il, sur ce qui me restait à faire, je me suis décidé à ne pas partir. Les Alliés ne sont pas fidèles aux engagements qu'ils ont pris avec moi ; je puis donc aussi révoquer mon abdication, qui n'était toujours que conditionnelle. Plus de mille adresses me sont parvenues cette nuit ; l'on m'y conjure de reprendre les rênes du gouvernement... Je verrai comment on m'arrachera le cœur de mes vieux soldats. »

Il parla ainsi pendant quelques minutes ; il pouvait, disait-il, réunir encore 30 000 hommes. Le général Koller lui répondit que son sacrifice au repos de la patrie était une des plus belles actions de sa vie ; mais en quoi les Alliés avaient-ils manqué au traité ? « En ce que l'on empêche l'Impératrice de m'accompagner jusqu'à Saint-Tropez, comme il était convenu. — Je vous assure que Sa Majesté n'est pas retenue et que c'est par sa propre volonté qu'elle s'est décidée à ne pas vous accompagner. — Eh bien, » dit l'Empereur, prenant brusquement sa décision, « je veux bien rester encore fidèle à ma promesse ; mais si j'ai de nouvelles raisons de me plaindre, je me verrai dégagé de tout ce que j'ai promis. »

Sur l'heure, il écrivit de sa main ce billet à Marie-Louise :

« Ma bonne amie, je pars pour coucher ce soir à Briare. Je partirai demain matin pour ne plus m'arrêter qu'à Saint-Tropez. Beausset, qui te remettra cette lettre, te donnera de mes nouvelles et te dira que je me porte bien et que j'espère que ta santé se soutiendra et que tu pourras venir me rejoindre. Montesquiou, qui est parti à

deux heures du matin, doit être arrivé. Je n'ai point de tes nouvelles d'hier, mais j'espère que le préfet du palais me rejoindra ce
soir et m'en donnera. Adieu, ma bonne Louise. Tu peux toujours
compter sur le courage, le calme et l'amitié de ton époux.

Napoléon.

« Un baiser au petit Roi. »

A 11 heures, un aide de camp, le colonel de Bussy, vint infor-
mer l'Empereur, de la part du grand-maréchal, que tout était prêt
pour le départ. « Le grand-maréchal ne me connaît-il donc pas?
Depuis quand dois-je me régler d'après sa montre? Je partirai
quand je voudrai et peut-être pas du tout. » Se promenant de long
en large dans sa chambre, il accusa l'empereur d'Autriche de tra-
vailler au divorce de sa fille. Pourquoi ces visites d'Alexandre et du
roi de Prusse à Rambouillet auprès de l'Impératrice? elles étaient
très déplacées. L'Autriche, actuellement, était dans une situation
dangereuse, à présent que la France n'arrêtait plus la Russie dans
ses plans de conquête. Il avait eu tort de ne pas faire la paix à
Prague ou à Dresde. S'il n'était pas reçu à l'île d'Elbe, que devait-
il faire? Il avait bien pensé à aller en Angleterre ; mais, comme il
avait voulu faire tant de mal aux Anglais, ils devaient lui en con-
server du ressentiment. On lui reprochait de ne pas s'être donné la
mort. « Il y a beaucoup plus de courage de survivre à son malheur
non mérité. » Il n'avait pas de reproches à se faire : il n'avait
point été usurpateur, il n'avait accepté la couronne que d'après le
vœu unanime de la nation ; s'il avait fait la guerre, c'est que la
nation voulait qu'il agrandît la France.

Après ce monologue tenu devant le commissaire autrichien, il fit
venir le colonel Campbell ; puis il donna encore deux audiences
très courtes à Schouwaloff et à Waldbourg-Truchsess ; il avait pour
celui-ci, en sa qualité de Prussien, une sorte d'animadversion.

Une heure. L'Empereur sort de son appartement pour la der-
nière fois. Il trouve rangés sur son passage les fidèles de l'heure
suprême, le duc de Bassano, le général Belliard, le colonel de
Bussy, le colonel Anatole de Montesquiou, le comte de Turenne,
le général Fouler, le baron Mesgrigny, le colonel Gourgaud, le

baron Fain, le lieutenant-colonel Athalin, le baron de la Place, le baron Lelorgne-d'Ideville, le chevalier Jouanne, le général Kosakowski, le colonel Vonsowitch; ces deux derniers, Polonais. Il leur serre la main. Il apparaît sur le perron. Sur deux côtés de la cour sont rangés les officiers, sous-officiers et soldats du 1er régiment des grenadiers à pied de la Vieille Garde, sous les ordres du général baron Petit; le lieutenant Forti, placé en avant des lignes, porte le drapeau du 1er régiment, dont les plis laissent apercevoir, en lettres d'or : Wagram, la Moskowa. Dans la cour, il y a aussi les généraux Bertrand, Drouot, Cambronne, Corbineau, Ornano, des officiers des chasseurs à cheval de la Vieille Garde, les quatre commissaires étrangers.

A la vue du petit chapeau, de la redingote grise, de l'uniforme vert des chasseurs, les cris vont éclater. Mais lui fait signe de la main de se taire; d'un pas rapide, il descend le grand escalier ; il s'avance au milieu de ces braves dont presque tous avaient été, depuis l'année 1796, aux bords du Pô, du Nil, du Danube, de l'Elbe, de la Vistule, du Tage, de la Moskowa, de la Seine, ses compagnons de gloire et d'infortune. Au milieu d'un silence religieux, de cette voix qui avait dicté tant de bulletins de victoire, il adresse ces mots aux soldats qui lui présentent les armes :

« Soldats de ma Vieille Garde! Je veux vous faire mes adieux. Depuis vingt ans, je vous ai trouvés constamment sur le chemin de l'honneur et de la gloire. Vous vous y êtes toujours conduits avec bravoure et fidélité ; encore dans ces derniers temps, vous m'en avez donné des preuves. Avec vous, notre cause n'était pas perdue. J'aurais pu, pendant trois ans, alimenter la guerre civile ; mais la France n'en eût été que plus malheureuse. Les puissances alliées présentaient toute l'Europe liguée contre moi. Une partie de l'armée m'avait trahi ; des partis se formaient pour un autre gouvernement. J'ai sacrifié tous mes intérêts au bien de la Patrie. Je pars. Vous la servirez toujours avec gloire et avec honneur. Vous serez fidèles à votre nouveau souverain. Recevez mes remerciements. Je ne peux pas vous embrasser tous. Je vais embrasser votre chef. J'embrasserai aussi le drapeau. Approchez, général. Faites avancer le drapeau! »

G. Lacour-Gayet.

L'Empereur s'interrompt pour embrasser le général Petit, puis le drapeau que lui présente le général. Des larmes coulent sur les joues des assistants. L'Empereur continue :

« Que ce baiser passe dans vos cœurs ! Je suivrai toujours vos destinées et celles de la France. Ne plaignez pas mon sort. J'ai voulu vivre pour être encore utile à votre gloire. J'écrirai les grandes choses que nous avons faites ensemble. Le bonheur de notre chère patrie était mon unique pensée ; il sera toujours l'objet de mes vœux. Adieu, mes enfants ! »

L'Empereur monte alors dans sa voiture avec le grand-maréchal. En avant, il y avait la voiture de Drouot et de Cambronne ; en arrière, les voitures des quatre commissaires étrangers. Tout ce cortège se mit en marche par la route de Lyon. On eût dit un convoi funèbre. Hier, Empereur des Français, maître de l'Europe, Napoléon est parti à présent pour le royaume de l'île d'Elbe.

G. LACOUR-GAYET,
de l'Académie des Sciences morales et politiques.